하나님의 기쁨

장춘옥

새맘 출판사

추천서

1부: 마음 창조 깊이 있는 제목처럼 심오하고 어렵게 느껴질 수 있지만 삶의 나침반과 같은 하나님의 사랑을 적절하게 잘 표현하였으며, 천사가 악한 마음을 품음, 인간의 상처 받은 마음, 새 영을 부으심 이 세 가지 키워드를 통해서 저자의 묵직한 내공을 느낄 수 있었습니다. 치열한 삶의 현장에서 이 책이 위로와 은혜를 끼칠 것이라 확신합니다.

2부: 아담과 아브라함 대조하기 쉽지 않은 두 인물인 아담을 인류의 조상으로, 또 아브라함을 믿음의 조상으로 잘 표현하셨으며, 하나님과 아담을 주종관계로 또한 하나님과 아브라함은 부모-자식 관계로 친밀하고 진솔하게 잘 표현하였습니다.

이 책을 통하여 하나님 안에서 약속의 성취를 온전히 이루시길 소망하며 하나님의 기쁨을 마음껏 누리는 시간이 되길 바라며 이 책을 추천합니다.

김준성 전도사
브릿지 커뮤니케이션 실장, 소태그리스도의 교회 전도자

본 지 안에 있는 성경구절은 한글 킹제임스 성경(말씀보존학회 간)을 인용하였음

프롤로그

"하나님께서 그 빛을 보시니 그것이 좋았더라." (창세기 1장 4절)

하나님의 창조 목적은 단 하나이다.
보시기에 좋은 것들을 만드시는 것...
그리고 하나님은 능히 그것을 이루시고도 남을 분이시다.
그렇게 시간과 공간은 만들어졌다.

하나님께서 둘째 날 하늘을 만드셨다.
그런데 하늘을 만드시고는 좋았다는 표현이 나오지 않는다.
그 이유를 생각해보았는가...

"하나님께서 창공을 만드시고 창공 위에 있는 물들에서 창공 아래 있는 물들을 나누시니 그대로 되니라. 하나님께서 창공을 하늘이라 부르시니라. 저녁과 아침이 되니 둘째 날이더라." (창세기 1장 7절)

하나(에하드)이신 하나님께서는 나누이는 것을 좋아하시지 않는 것 같다.
그것이 둘째 날 하나님께서 보시기에 좋지 않으셨던 이유가 아닐까...

하나님의 생각은 우리의 생각과 과연 다르다.

그래서 우리는 하나님의 깊은 속마음을 알 수가 없는 것이 사실이다.

하나님의 마음을 성령께서 알려주시지 않으면 우리는 알 도리가 없다.

다시 처음으로 돌아가서 하나님께서 기뻐하심으로 우리를 만드셨다.

이것은 분명한 팩트일 것이다.

창조 사역의 기쁨...

하나님께서 만드신 것은 진정 무엇일까...

하나님은 하나님 자신을 기뻐하신 것은 아닐까...

그래서 하나님 자신을 만물에 계시하고 계신 것은 아닐까...

우리의 마음은 하나님을 닮아있다. 그것이 하나님의 형상대로 인간을 만드신 것의 의미이다.

그리고 더 나아가 하나님은 자신의 마음을 가진 자들을 만드시고자 하셨는데 그들의 처음 존재가 바로 아브라함이 아니었을까...

아담은 소위 말하자면 시제품이고 아브라함은 원래 의도하신 최고의 걸작품이라는 뜻이다.

이것이 말로 증명되어진다면 여러분들은 어떻겠는가...

아브라함은 지금도 성경 속에서 말하고 있다.

하나님의 기쁨이 되는 사람이 바로 자신이었다고..

그리고 하나님은 그 기쁨을 숨기지 않고 성경 속에 드러내어놓으셨다고..

지금부터 우리는 하나님의 기쁨이 과연 무엇인지 상고하고 또 상고해볼 것이다.

그 하나님의 기쁨 속으로 출발해보자.

하나님의 기쁨은 슬픔을 통과하여 발현되어 나온다는 것을 염두에 두고...

하나님은 진실하시기에 자신의 모든 것을 다 드러내신다.

오늘 하나님의 기쁨이 무엇인지 궁금해하는 여러분들의 궁금증을 풀어드릴 수 있는 영광을 갖게 되어 진정으로 기쁘다.

나 또한 하나님의 기쁨이 되어드리는 존재가 될 수 있음이 너무도 기쁘고 즐겁다.

그리고 당신과 우리 모두 하나님의 창조 목적에 부합하는 존재로 살아가기를 간절히 바라며

이 글을 적는다.

나 주님의 기쁨 되기 원하네......

목 차

제1부 마음 창조

1 천사가 악한 마음을 품음 ·· 15
　1) 마음의 위치가 달라짐 ·· 18
　2) 교만으로 인한 타락 ·· 21
　3) 마음이 더러워짐 ·· 25

2 인간의 상처받은 마음 ·· 31
　1) 내 백성을 위로하라 ·· 35
　2) 그들을 축복하고 도우라 ·· 38

3 새 영을 부으심 ·· 45
　1) 새 마음을 만드심 ·· 47
　2) 영원히 함께 즐거워할 나라 ·· 50

제2부 아브라함 그는 누구인가?

1 아담에게 맡겨진 사명과 하나님께서 아브라함에게 주신 약속 ··· 59

2 죽은 자를 살리실 것을 믿은 아브라함 ························ 73

제 **1** 부

마음 창조

1. 천사가 악한 마음을 품음
2. 인간의 상처받은 마음
3. 새 영을 부으심

1
천사가 악한 마음을 품음

1 천사가 악한 마음을 품음

요즈음엔 인공지능이 엄청난 속도로 발전하여 이젠 인간의 지성을 능가하는 것은 시간문제일 뿐이며, 더 나아가 인공지능이 인간을 지배하고 인간의 권위에 복종하지 않는 세상이 올지도 모른다는 강한 주장들이 제기되고 있다.

지금의 세상은 마치 하나님께서 천사를 지으셨을 때와 유사하게 보인다.

하나님께서 천사장을 아주 멋진 존재로 만들어 주셨다. 그에게 각종 지위와 위엄을, 그리고 그가 가진 세력을 엄청나게 크게 부여하셨다.

그러나 그는 인류가 만든 인공지능처럼 하나님을 떠나 자신의 세력을 확장시키고 그분께 반역하게 되었다.

이것이 하늘나라에서 그를 쫓아낼 빌미가 되었고 그는 하늘에서 강등되어 공중으로 내려오게 된다.

이것이 성경에 기록되어 있다.

"그들은 복종치도 아니하였으며 그들의 귀도 기울이지 아니하고 각기 그들의 악한 마음의 상상대로 행했느니라. 그러므로 내가 그들에게 행하도록 명령하였으나 그들이 행치 아니한 이 언약의 모든 말씀들을 그들 위에 응하게 하겠노라." (예레미야 11장 8절)

천사들의 무리는 더 이상 하나님을 주인으로 섬기지 않고 하나님의 말씀을 듣지 않은 채, 그들의 악한 마음의 상상대로 행하다가 하나님의 저주를 받아 처음의 자리에서 벗어나게 된다.

"그들이 말하기를 "이제 소망이 없으니 우리는 우리 자신의 책략에 따라 행하리라. 또 우리는 각기 자기의 악한 마음의 상상을 행하리라."하였도다.""(예레미야 18장 12절)

"형제들아, 너희 중에 아무도 믿음 없는 악한 마음으로 살아 계신 하나님에게서 떨어지지 않도록 주의하라."(히브리서 3장 12절)

악한 마음이라는 것은 하나님의 말씀을 듣지 않는 상태에서 자신이 품는 모든 믿음 없는 마음의 상태를 뜻한다.
과연 그들은 자신들의 상상대로 행하였고 마침내 하나님의 언약의 모든 말씀들대로 보응을 받았다.

1) 마음의 위치가 달라짐

"오 너 바위틈에서 거하고 산의 높은 곳을 차지한 자야, 너의 무서움과 네 마음의 교만이 너를 속였도다. 네가 너의 보금자리를 독수리처럼 높게 지었을지라도 내가 거기서 너를 끌어내리리라. 주가 말하노라."(예레미야 49장 16절)

""내가 구름들의 높은 곳들 위로 올라가, 내가 지극히 높으신 분같이 되리라."하였음이라."(이사야 14장 14절)

"인자야, 투로의 통치자에게 말하라. 주 하나님이 이같이 말하노라. 네 마음이 높아졌으므로 네가 말하기를 "나는 하나님이라. 나는 바다들 가운데 있는 하나님의 자리에 앉아있도다."하는도다. 네가 네 마음을 하나님의 마음처럼 정할지라도 너는 사람이지 하나님이 아니니라."(에스겔 28장 2절)

"그러므로 주 하나님이 이같이 말하노라. 네가 네 마음을 하나님의 마음처럼 정하였으니,"(에스겔 26장 6절)

악한 천사는 자신의 마음을 높은 곳에 두려했다. 마치 인공지능이 인간을 능가하여 자신이 인간 위에 있고 싶어 하듯이…
그러나 그 시도는 전능하신 하나님의 눈에 포착되어 그는 자신이 누리고자 했던 영광을 누리지 못하게 하늘나라에서 강등되었고 그

것이 그가 분한 마음을 품는 계기가 된다.

 악한 천사들은 악한 마음을 품고 그와 동조한 무리들은 마침내 하나님에게서 떨어지게 되어 저주 아닌 저주를 받고 만 것이다.

2) 교만으로 인한 타락

"오 아침의 아들 루시퍼야, 네가 어찌 하늘에서 떨어졌느냐! 민족들을 연약하게 하였던 네가 어찌 땅으로 떨어져 내렸느냐!" (이사야 14장 12절)

"이는 네가 네 마음속에 말하기를 "내가 하늘에 올라가서 내가 내 보좌를 하나님의 별들보다 높일 것이요, 내가 또한 북편에 있는 회중의 산 위에 앉으리라. 내가 구름들의 높은 곳들 위로 올라가, 내가 지극히 높으신 분같이 되리라."하였음이라. 그러나 너는 지옥까지 끌어내려질 것이요, 구렁의 사면에까지 끌어내려지리라." (이사야 14장 13절~15절)

악한 천사의 최후는 이와 같다.
그에게 하나님의 자비는 없었다.
그를 보는 자들이 말하기를 "이 자가 땅을 떨게 하고, 왕국들을 진동시켰으며, 또 세상을 광야같이 만들었고, 그 성읍들을 멸망시켰으며, 그의 갇힌 자들의 집을 열어 주지 않았던 그 사람이냐?"라고 하였다.
그의 최후는 또 다시 이렇게 언급된다.

"너는 가증스런 가지처럼 네 무덤에서 버려졌고 칼에 찔려 구덩이 속의 돌들로 내려가는 죽은 자들의 옷 같고 발밑에 밟힌 시체 같도

다." (이사야 14장 19절)

악한 자, 교만한 자의 행동은 어떠한가.

그들은 땅을 황폐한 광야로 만들어 놓는다. 또 사람들을 가두고 성읍들을 멸망시킨다. 이들의 목적은 오직 자신의 높아지는 것에 있지 다른 존재들의 번영이 결코 아니다.

"내가 이런 존재야. 알겠느냐? 나를 두려워하라. 나는 하나님이다."

이것이 악한 자가 외치는 마지막이자 가장 하고 싶은 말일 것이다.

"내가 하나님이다."

지금 우리는 하마스가 일으킨 전쟁을 보면서 그들의 최후의 외침을 듣는 듯하다.

"내가 누군지 아니? 나는 이스라엘을 능가하는 자야. 알겠어? 내 앞에서 다 죽어. 나는 신의 아들이다."

"나는 신의 뜻대로 이 전쟁을 치르고 있다. 오 신이시여, 나를 죽음에까지 내어드리리다. 당신의 영광을 위하여!"

오늘도 신은 말씀하신다고 믿고 그들은 신의 계시와 목소리에 굴복하는 삶을 살고 있는 것이다.

그러나 그들의 최후는 그들이 신이라 믿고 있는 악한 천사들의 그것과 다를 것이 없을 것이다.

"그러나 너는 지옥까지 끌어내려질 것이요, 구렁의 사면에까지 끌어내려지리라." (이사야 14장 15절)

3) 마음이 더러워짐

　하나님의 명령을 어기고 사탄의 유혹을 받은 아담은 곧바로 상한 영이 되었다. 우리의 마음은 영의 지배를 받는다. 그리하여 인간의 대표인 아담에게 찾아온 상한 마음은 온 인류에게 유전되어 인간은 늘 허무하고 혼미한 마음을 품은 채 어두움 가운데 방황하는 영의 상태로 살게 되는 비극을 맞게 된다.
　복음은 이것이다.
　우리가 할 수 없는 이 어두운 마음의 상태를 예수 그리스도께서 자신의 몸을 버려 십자가 형벌을 담당하시므로 온 인류에게 임했던 이 죽음과 같은 형벌에서 구원 받아 이제는 거룩한 마음과 온전하고 순수한 마음으로 회복되는 것, 이것이 하나님께서 궁극적으로 이루시고자 하는 진짜 구원의 의미이다.
　우리의 몸과 영혼은 마음과 밀접한 관계에 놓여 있다.
　내 마음이 아프면 우리의 몸도 반응하여 아프게 된다. 진짜 병이 난다. 그렇게 다시 마음이 회복되어야 우리 몸의 병도 낫기 시작하듯이 우리의 구원도 마찬가지로 가장 깊은, 마음에서 가장 먼저 시작된다.
　음탕하고 허망하고 간교하며 패역한 마음에서 돌 같은 마음을 제거하시어 살 같은 마음을 창조하실 때, 비로소 우리의 마음은 현명하고 순결하며 진실하고 깨끗하며 정직한 마음으로 서서히 바뀌어 나가는 것이다. 그리고 마침내 우리의 인격이 예수 그리스도의 인격과 같아지게 된다. 이것이 예수 그리스도를 주로 모시게 된 결과 우리에게 주어지는 하나님의 구원의 마침인 것이다.

"형제들아, 마지막으로 말하노니 기뻐하라. 온전하게 되라. 위로를 받으라. 한 마음을 품으라. 평안히 지내라. 그러면 사랑과 화평의 하나님께서 너희와 함께 계시리라." (고린도후서 13장 11절)

하나님께서 우리 안에 마음을 창조하셨다.
그 마음은 하나님의 뜻을 담는 공간이었다. 원래 창조의 목적대로 그 마음이 작동하여 인류가 하나님의 뜻을 이루고 마침내 하나님 나라가 이 땅에 임하는 것이 하나님 아버지의 계획이었다. 마음은 가장 확실한 하나님의 뜻과 우리의 행실을 이어주는 통로였다.
하나님께서는 이 불완전한 인간이라는 존재를 사랑하셨다. 그리고 온전한 마음을 주시려고 주 예수 그리스도를 보내시고 그로 하여금 하나님의 온전한 뜻을 다 이루게 하셨다.
그리하여 예수 그리스도를 온전한 몸으로 마침내 부활시키사 온 인류에게 새 마음이라는 선물을 주신 것이다.
우리 속에 이미 이 보배는 감추어져 있었다. 우리라는 질그릇이 깨어지며 비로소 감추어져 있던 보배이신 예수 그리스도의 성품이 발현되기 시작하는 것이다. 이제 우리는 더 이상 더럽지 않다.

2

인간의 상처받은 마음

2. 인간의 상처받은 마음

인간은 원래 한 마음이었다. 아담의 갈비뼈로 만들어진 존재가 하와이지 않은가? 하와를 보고 아담이 처음으로 한 말이 "이는 내 뼈들 중의 뼈요, 내 살 중의 살이니," 였다.

아담과 하와는 한 몸이었고 결코 그들은 둘이 될 수 없었다.

이것을 시기하고 부인하고 싶었던 존재가 있었다. 그는 뱀의 모양으로 나타나 분리하는 작업을 시작한다.

'너는 하나가 아니야. 너희는 서로 달라. 알겠어?'

비교적 우둔한 처지에 있던 여자에게 이러한 속삭임은 시작되었고 뱀의 말을 어리석게 믿어버린 산 자의 어미 하와는 온 인류를 죄악이라는 고통으로 집어넣어버리고 만다.

내가 살아나고 몸과 마음이 완전히 하나였던 하나뿐인 짝, 아담이 이제는 악으로 비춰지는 이상한 현실 속에 그들은 갇혀버리고 말게 된다.

이것이 하나님이 만드신 세계가 아닌, 사탄이 만들어 놓은 가상현실이다.

인류는 지금까지도 분리라는 현상을 겪으며 나와 하나인 가족과 민족과 인류라는 존재를 미워하고 배격하며 서로 물고 다투는 웃지 못할 세계 안에 갇혀 살아가고 있다.

다시 말하지만 인류의 조상인 아담과 하와는 하나였다. 그들은 한 몸이었고 그들은 하나의 존재로 지음을 받았다.

그러나 거짓과 탐욕이라는 영을 받아들인 순간 그들은 분리되었고 각자의 몸과 마음을 다른 존재로 인식하는 장애를 경험하기 시작했다.

이것이 인간의 마음의 질병이 시작되는 이유이다.

원래의 존재를 바로 인식하지 못하여 나타나는 인지적 장애를 필두로 하여 인간은 자신도 알아보지 못하고 다른 사람도 제대로 알아볼 수 없는 감각의 장애를 앓기 시작한다.

인간의 모든 상처는 여기에서 비롯된다.

마치 자기 자신의 몸을 해하여 극도로 심한 공포에 빠지는 사람처럼 아담은 원래 자기 자신이었던 하와를 향해 무서운 말로 그녀의 마음을 난도질했다.

"하나님께서 나와 함께 있도록 주신 그 여자가 그 나무의 열매를 내게 주기에, 내가 먹었나이다."

뱀의 계획은 성공했다. 아담은 자신의 몸인 하와를 다른 하나의 객체인 '그 여자'로 인식하고 그 여자를 향해 심한 야유를 퍼붓기 시작했으니 말이다.

하와도 아담과 한 몸인지라 똑같은 반응을 하기 시작했다.

"그 뱀이 나를 속여, 내가 먹었나이다."

그후로부터 아담과 하와는 타인을 볼 때 이상한 눈을 가진 채 남은 삶을 살게 되었다.

모든 것이 다른 사람의 탓이고 나는 아니라는 이상한 논리를 장착한 이상한 인간이 탄생하고 만 것이다.

하나님의 계획은 곧바로 수정되었고, 이제 인류에게 오직 하나뿐인 복음의 메시지를 들려주신다.

예수 그리스도라는 씨가 뱀의 씨와 대적하여 마침내 뱀의 머리는 부수어지고 뱀의 씨는 예수 그리스도의 몸을 십자가에 못 박을 것이라는 하나님의 약속의 말씀을 말이다.

아아…

인간은 고래 싸움에 끼인 새우와 같은 신세에 놓이게 되었다.

그리고 이 복음이 인간의 상처받은 마음에 유일한 소망이 되어 주었다.

이제 인간은 자신을 속인 뱀이라는 존재의 머리가 깨질 날만을 소망하며 살아가는 불쌍한 마음의 소유자로 전락하여 살아가게 된다.

1) 내 백성을 위로하라.

첫 단추가 잘못 끼워지면 나머지 단추는 볼 것도 없이 전부 다 잘못 끼워지게 마련인 것처럼, 모든 인류는 잘못된 마음을 가지고 오해하며 서로를 적으로 인식하고 자신의 몸을 향해 칼과 총을 겨누는 역사를 쓰게 된다.

하나님께서 유대인이라는 구원의 통로가 되는 민족을 만들어 주셨다. 이들은 인류의 유일한 소망이신 예수 그리스도를 탄생시키시기 위한 하나님의 계획에 의해 택함을 받은 민족이었다. 그런데 이러한 하나님의 구원 계획을 반대하던 자가 있었으니 그가 바로 뱀의 후손들인 것이다.

유대인들은 온 세상이 미워하는 기구한 운명의 역사를 통과하며 하나님의 기적적 도우심으로 오늘날까지 멸절되지 않고 살아오고 있다.

뱀의 후손은 유대인들을 죽여야 예수 그리스도가 다시 통치하지 못하신다는 분명한 확신을 가지고 오늘도 유대인들을 미워하고 그들을 제거하려 혈안이 되어 있다.

이것을 아시는 하나님이 계시니 우리는 일단 안심이다. 하나님께서 유대인들을 만드신 분이시고 그들을 다스리시며 그들 가운데 예수 그리스도의 왕국을 건설하시겠다고 약속하셨으니 이 언약의 말씀은 변치 않고 이루어질 것이다.

우리는 그들의 상한 마음이 아물도록 그들을 위로해주어야 한다. 하나님께서 성경의 여러 곳을 통해 이러한 명령을 기록하여 두셨다.

"너희는 위로하라. 너희는 내 백성을 위로하라. 너희의 하나님이 말하노라. 너희는 예루살렘에 다정하게 말하며 그녀에게 부르짖으라. 그녀의 싸움이 다 되었고, 그녀의 죄악이 용서받았나니 이는 그녀가 그녀의 모든 죄에 대하여 주의 손에서 배로 받았음이라." (이사야 40장 1절~2절)

"오 하늘들아, 노래하라. 오 땅아, 기뻐하라. 오 산들아, 노래를 터뜨리라. 이는 주가 자기 백성을 위로하셨으며 그의 고난받는 자들에게 자비를 베풀 것임이라." (이사야 49장 13절)

"너희 예루살렘의 황폐한 곳들아, 기쁨을 발하며 함께 노래하라. 이는 주께서 그의 백성을 위로하셨으며, 그가 예루살렘을 구속하셨음이니라." (이사야 52장 9절)

2) 그들을 축복하고 도우라.

우리는 그들을 위로하는 것에서 그쳐서는 안 되고 더 나아가 그들을 축복하고 도우라는 하나님 아버지의 준엄한 명령을 성경 곳곳에서 발견한다.

"예루살렘의 화평을 위하여 기도하라. 너를 사랑하는 자들은 번성하리로다." (시편 122편 6절)

"그가 아브람을 축복하며 말하기를 "하늘과 땅의 소유주이신 지극히 높으신 하나님의 아브람을 복주시옵소서."" (창세기 14장 19절)

""너를 축복하는 자들에게 내가 복을 주고 너를 저주하는 자를 저주하리라. 네 안에서 땅의 모든 족속들이 복을 받을 것이라." 하셨더라." (창세기 12장 3절)

""그러므로 내가 네게 청하노니, 이제 와서 나를 위하여 이 백성을 저주하라. 이는 그들이 나에게 너무나 막강함이라. 혹 내가 우세하여 우리가 그들을 쳐서, 내가 그들을 이 땅에서 쫓아낼까 함이니, 이는 네가 축복하는 자는 축복을 받고 네가 저주하는 자는 저주를 받는 것을 내가 앎이라." 하더라." (민수기 22장 6절)

이처럼 지엄하신 하나님의 명령과 약속의 말씀을 듣고 오늘도 두려워 그분께 순종하여 유대인들을 축복하는 자들에게는 하나님께서 복을 약속하신다.

하나님은 실언하지 않으시고 그의 약속은 변함없는 대대로 영원한 말씀이다.

마태복음서에는 예수 그리스도께서 민족들을 심판하시는 장면이 나온다.

"그 앞에 모든 민족들을 모아 놓고 마치 목자가 양들을 염소들에서 갈라놓듯이 그들을 따로 갈라놓으리라." (마태복음 25장 32절)

여기에 보면 양들과 염소들로 민족들을 분류하는데 그 기준은 과연 무엇일까?

"'이는 내가 굶주렸을 때에 너희가 먹을 것을 주었으며, 내가 목마를 때에 마실 것을 주었고, 내가 나그네였을 때에 대접하였고, 또 내가 헐벗었을 때에 입혀주었으며, 내가 병들었을 때에 문안해 주었고, 내가 감옥에 갇혔을 때에 찾아와 주었음이라.' 하리라." (마태복음 25장 35절~36절)

이들을 부르시는 호칭은 '의인들'이다. 그리고 이들에겐 왕국이 주어진다.

이들이 도와준 자는 바로 왕이신 예수님이시고 그(백성)들은 예수님의 형제 가운데 가장 작은 자들이다.

그렇다면 예수님이 말씀하신 형제 가운데 가장 작은 자들은 누구인가?

"주께서 그분의 사랑을 너희 위에 두시고 너희를 택하신 것은 너희가 다른 민족보다 수가 많음이 아니라 너희가 모든 민족 중에서 가장 적기 때문이니라." (신명기 7장 7절)

예수님께서 민족들을 심판하실 때 기준은 단 하나이다. 양의 민족과 염소의 민족이 나누는 기준은 예수님이 속한 민족, 그들을 도왔느냐 돕지 않았느냐에 있다는 것이다.

의인들은 영원한 생명으로, 염소 민족들은 영원한 형벌에 들어가게 된다.

아브라함의 축복과 저주는 여기에서도 확인할 수 있다.

축복과 관심과 돌봄을 아브라함의 자손들에게 부어주는 민족들은 의인들이 되어 하나님께서 예비하신 영원한 생명을 누리게 된다.

반면 그들을 등한시하고 저주하는 민족들에게 내릴 하나님의 형벌은 가혹하다.

영원한 형벌을 받을 것이기 때문이다.

3

새 영을 부으심

3 새 영을 부으심

"그러므로 말하기를 '주 하나님이 이같이 말하노라. 내가 그 백성으로부터 너희를 모을 것이요, 너희가 흩어진 나라들에서 너희를 불러 모아서 내가 너희에게 이스라엘 땅을 주리라.' 하라." (에스겔 11장 17절)

"그리하면 그들이 그리로 갈 것이요, 그들은 모든 혐오스러운 것들과 모든 가증한 것들을 거기서부터 제하여 버릴 것이니라." (에스겔 11장 18절)

하나님께서 유대 백성을 자신의 백성으로 만드시는 과정은 이러하다.

에스겔 11장 17절 말씀에서 보듯, 하나님은 유대 백성을 흩어져 있던 나라들에서 불러 모으사 그들에게 이스라엘 땅을 주신다.

그렇게 하신 후 그들이 이스라엘 땅으로 모여와 모든 혐오스러운 것들과 모든 가증한 것들을 그 땅 가운데에서 제하여 버리기를 명하신다.

"내가 그들에게 한마음을 줄 것이요, 또 내가 너희 안에 새 영을 넣으리라. 또 내가 그들의 육체에서 돌 같은 마음을 제하고 살 같은 마음을 주어서 그들로 내 규례들대로 행하며 내 율례들을 지켜 행하게 하리라. 그리하여 그들이 나의 백성이 되고 나는 그들의 하나님이 되리라." (에스겔 11장 19절~20절)

"주의 뜻을 행하도록 나를 가르치소서. 이는 주께서 나의 하나님이시기 때문이니이다. 주의 영이 선하시니 나를 정직한 땅으로 인도하소서." (시편 143편 10절)

"주의 영이 내게 임하시니 이는 가난한 자들에게 복음을 전하게 하시려고 내게 기름을 부으심이라. 그가 나를 보내셨으니 이는 마음이 상한 자를 치유케 하시며, 포로들에게 구원을 선포하고, 눈먼 자를 보게 하고, 짓밟힌 자들을 해방시켜 주고" (누가복음 4장 18절)

"그러나 유리를 통해 보는 것같이 수건을 벗은 얼굴로 주의 영광을 보는 우리 모두는 주의 영으로 말미암은 것같이 영광에서 영광에 이르는 똑같은 형상으로 변모되느니라." (고린도후서 3장 18절)

1) 새 마음을 만드심

하나님께서 선지자를 통해 유대 백성에게 하신 말씀은 이사야 6장 10절의 말씀이었다.

""이 백성의 마음으로 살찌게 하고, 그들의 귀로 둔해지게 하며, 그들의 눈으로 감기게 하라. 그리하여 그들이 눈으로 보지 못하고, 귀로 듣지도 못하며, 마음으로 깨닫지 못하게 하며, 회심하지도 못하고, 치유받지도 못하게 하라." 하셨더라." (이사야 6장 10절)

마음이 살찐다는 의미는 과연 무엇인가?
예수님의 산상수훈에 나오는 유명한 말씀은 이를 잘 설명해주시는데 그 말씀이 바로,
"영이 가난한 자들은 복이 있나니, 천국이 그들의 것임이요,"이다.

영이 가난한 사람에게는 천국이 사모되어지고 그때 비로소 그의 마음에 천국이 임하게 되어진다. 그런데 마음이 살찐 자들은 영이 부요하게 되어 이 땅의 것들만 추구하고 살게 되는 것이 마음의 원리이다.
그리하여 하나님께서 유대 백성들을 향하여 천국 복음을 보지 못하고 듣지 못하며 마음으로 알 수도 없게 하시므로 그들은 심령이 병들게 된 상태에 놓일 수밖에 없었다.
그러한 그들에게 하나님께서 다른 선지자를 통하여 이같이 말씀

하신다.

"내가 그들에게 나를 아는, 즉 내가 주임을 아는 마음을 주리니 그들은 나의 백성이 되고 나는 그들의 하나님이 되리라. 이는 그들이 그들의 온전한 마음으로 내게 돌아올 것임이라." (예레미야 24장 7절)

하나님께서는 온 세계를 향한 구원 계획을 가지고 계신다. 그 계획은 때가 되어 이제 유대 민족을 향해 열리게 되었다. 그것을 선포하는 말씀이 스파냐 3장 9절의 말씀이다.

"그때에 내가 백성에게 순수한 언어를 돌려주리니, 그들이 모두 주의 이름을 부르며 한 마음으로 그를 섬길 것임이라." (스파냐 3장 9절)

과연 유대 민족은 자기들의 땅으로 돌아와 국가를 재건하였고 그들은 자기들의 언어와 화폐를 찾았다. 이들은 황폐해졌던 자기들의 땅에 물을 대어 작물을 짓기 시작하였고, 온갖 종류의 자원을 발굴하여 세계 최대의 강국을 이루고 부를 거머쥐었다.

그들이 지금도 히브리어를 자국의 언어로 쓰며 안식일을 지키고 절기와 예물을 드리는 일에 힘쓰는 것은 이미 구약 시대에 예언되어 있었던 예언의 말씀의 성취이다.

모든 것은 예언의 말씀대로 하나씩 이루어지고 있다.

2) 영원히 함께 즐거워할 나라

유대 민족이 온 세계를 위해 행한 가장 훌륭한 업적은 말씀의 유지와 보존이다.

그들이 지금껏 토라를 통해 하나님의 말씀을 강론하고 토론해가며 그 말씀의 명맥을 유지해오지 않았다면 아마 히브리어는 부활할 수 없었을 것이다.

세상이라는 황량한 밭에 좋은 씨를 유지, 보존하는 가장 막대한 사명을 완수한 그들이 아니었다면 우리는 영적 기근 상태에서 서서히 죽어갈 수밖에 없었던 운명이었다.

그러나 하나님께서 이들을 통해 좋은 씨를 보존하셨고 때가 되매 그들의 민족을 부흥시키시고 나라를 건국시키시므로 광야와 같은 세상에 족히 먹을 만한 생수(말씀)를 충만히 부어주신 하나님의 은혜는 진정 얼마나 크고 놀라운가...

"좋은 씨가 땅에 떨어졌다는 것은 정직하고 선한 마음으로 말씀을 듣고 지켜서 인내로 열매를 맺는 자들이라."

유대인들은 말씀이라는 씨를 받았다. 그들은 정직하고 선한 마음으로 말씀을 듣고 지켜서 인내로 열매를 맺으므로 영적 축복뿐만 아니라 현실의 세계에서도 좋은 땅에 떨어져 아름답게 결실한 씨와 같이 하나님의 축복을 가장 많이 받은 민족이 되었다.

그들의 부강은 하나님의 약속이요, 그들을 향한 변함없는 하나님의 사랑의 표현에 지나지 않는다.

그렇다면 우리는 말씀에 빚진 자들로서 유대인들을 향하여 어떤 마음과 행실을 취하여야 할까?

은혜를 입은 자는 은혜를 끼친 자에게 늘 감사하고 그를 향해 좋은 것을 함께 나누며 자신의 것의 일부분을 공유해야 한다. 이것이 인지상정이 아니겠는가?

은혜를 욕으로 갚는 자가 되어서는 안 된다. 이런 일이 없을 수는 없지만, 우리는 한 순간이라도 은혜에 빚진 자들임을 잊지 말고 그들의 축복을 빌어주며 그들의 삶에 작으나마 보탬이 되어주는 일에 힘쓰는 자들이 되어야 한다.

또한, 이미 그들은 남이 아닌 한 형제요 자매라는 것을 잊으면 안 된다.

"너희는 너희가 알지 못하는 것을 경배하고, 우리는 우리가 경배하는 것을 아노니 이는 구원이 유대인에게서 나오기 때문이라." (요한복음 4장 22절)

그렇다. 유대인들은 자신들이 무엇을 경배해야 하는 것을 알았다. 왜냐하면 구원이 유대인에게서 나오기 때문이었다. 그들은 하나님이 택하신 유일한 민족이요 하나님을 세상에서 유일하게 경배하는 민족이었던 것이다.

이들을 통해 온 인류는 하나님을 알게 되었고 구원의 기쁜 소식을 전해 듣게 된다.

유대인들의 순교를 각오한 선교가 아니었으면 오늘날 우리가 가진 복음의 메시지는 없었다.

예수가 우리 죄를 대속하기 위하여 이 땅에 오셨고 과연 구약의 예언대로 십자가 제물이 되셔서 하나님 아버지와 죄인 된 인간 사이에 막힌 담을 허시고 마침내 죽음을 이기고 부활하셔서 하늘에 오르사 전능의 심판주로 다시 이 세상에 오셔서 양과 염소의 무리를 나누사 염소는 영원히 벌 주시고, 양의 무리에게는 영원한 생명을 누리게 하시는 이 복음의 메시지를 듣게 해준 성전의 기둥 같은 족속들이 바로 이들 유대 민족들인 것이니, 어찌 우리가 그들을 향해 감사와 축복을 전해주지 않을 수 있겠는가?

그런데 역사는 유대 민족을 예수님을 죽인 어리석은 민족으로 낙인 찍고 어찌하든지 그들을 죽이려고 혈안이 되어 마침내 전 인류가 구원을 받지 못하도록 하는 거짓 복음에 물들어 있다.

지금도 반유대주의와 유대인들을 비평화주의자로 거짓 선동하려는 운동이 온 세상에 판을 치며 사람들을 회유하고 세뇌, 선동하고 있는 것이다.

우리는 깨어 분연히 일어나 외쳐야 한다.

우리의 시선은 오직 주 예수 그리스도께 향해 열리고, 반유대주의라는 잘못된 철학과 이데올로기에서 벗어나 영원한 하나님의 말씀인 성경에 입각하여, 구원이 유대인에게서 나온다는 이 변치 않는 사실을 향해야만 한다.

제 2 부

아브라함 그는 누구인가?

1. 아담에게 맡겨진 사명과 하나님께서 아브라함에게 주신 약속
2. 죽은 자를 살리실 것을 믿은 아브라함

1
아담에게 맡겨진 사명과 하나님께서 아브라함에게 주신 약속

1. 아담에게 맡겨진 사명과 하나님께서 아브라함에게 주신 약속

태초에 하나님께서 천지를 창조하셨다. 땅은 형체가 없고 공허하며 어두움이 깊음의 표면에 있었다. 아직 빛이 없던 상태였기 때문이다.

하나님께서 가장 먼저 인류의 조상으로 아담을 창조하셨다. 그리고 그에게 생명을 불어넣으시니 사람이 살아있는 혼(생명체)이 되었다. (창세기 2장 7절)

하나님께서 다음에 하신 일은 에덴의 동편에 동산을 세우신 일이었다.
그리고 아담을 그곳에 두시며 에덴의 동산을 관리하고 지키게 하셨다. (창세기 2장 15절)

하나님은 그에게 명령하여 말씀하셨다. "이것은 먹고 저것은 먹지 말라."
하나님은 인류의 조상인 아담을 흙으로 만드시고 그를 통해 에덴의 동산을 지키고 관리하게 하는 일을 맡기셨다.

아담은 하나님이 지으신 들의 모든 짐승과 공중의 모든 새를 보고 가리켜 이름지어 명령하였다. 아담에게는 짐승들을 다스리는 권세가 있었다.

아담은 자기 아내의 이름도 지어불렀다. 심지어 자기가 남자인 줄도 알았다. 아담의 권세는 실로 동산에서 가장 뛰어난 것이었음에 틀림이 없다.

그러나 아담은 연약했다. 모든 짐승(생물)을 다스려야 했지만 뱀을 다스리지 못했다. 뱀의 간교에 넘어가서 하나님의 명령에 불복종하는 일이 일어난 것이다.

하나님은 아담에게 그의 책임을 물으셨다. 그렇게 하여 인류의 조상은 에덴의 동산에서 쫓겨나는 형벌을 받고 말았다.

하나님의 명령은 아담의 자손인 카인에게도 적용되었다.
카인이 하나님께서 자기 동생 아벨이 드린 제사만 받으시자 몹시 격노하고 안색이 변한 것을 보시고 하나님께서 카인을 향하여 꾸짖으신 것을 보아 우리는 그 사실을 알 수 있다.

하나님께서 카인에게 명령하신다.
"너는 죄를 다스릴지니라."
그러나 카인도 연약하여 자신의 감정을 이기지 못하여 자기 동생 아벨을 죽이고 만다.

　카인은 해서는 안 되는 행동을 하고 말았고, 그렇게 그는 땅에서 도피자와 유랑자가 되는 형벌을 받게 되었다.

　이후 인류는 급격히 타락을 하게 된다. 그리고 나서 하나님께서 인류를 멸하시고 남게 된 종족이 바로 셈과 함과 야벳으로 이들은 노아의 자손들이다.

　노아의 자손들이 홍수 후에 행한 것은 바벨을 건설한 일이다.

　그중 셈의 자손들 가운데 에벨이 태어났는데 에벨은 두 아들을 낳았다.
　한 아들의 이름은 펠렉인데 그 때에 땅이 나뉘었기에 붙여진 이름이다.
　에벨이라는 이름의 뜻은 '강을 건너다'이다.
　히브리 민족이 바로 에벨의 온 민족이 아닐까 한다.
　펠렉의 동생은 욕단인데 욕단은 아들들을 낳고 메사로부터 스팔로 가는 길의 동쪽 산에 거하였다.

　셈의 후대에서 에벨의 아들 펠렉이 낳은 나홀의 자손의 이름은 테라인데 테라가 70세에 낳은 아들이 아브람이다.
　아브람의 아내는 사래이고 그녀는 임신을 하지 못하므로 자식이 없었다. 여기서 주목해봐야 할 것은 테라가 한 일이다.

테라는 자신의 아들들과 며느리와 손자를 데리고 갈데아 우르로부터 나와서 카나안 땅으로 가려고 했다.

카나안 땅은 함의 자손들이 기거하던 곳이었는데 테라는 하필 그들이 살고 있던 곳으로 가려고 자신이 살던 칼데아 우르를 떠나 하란에 와서 거하다가 죽었다.

과연 테라는 카나안 땅으로 가려고 했다.

카나안은 어떠한 곳인가...

에덴의 동산이 있던 곳은 네 강의 발원지였다. 그리고 먹을 것이 풍부히 나는 곳이었다. 그렇다면 에덴의 동산을 향해 떠난 것이 아닐까...

여하튼 테라는 카나안에 이르지 못하고 죽었다.

그리고 그의 아들 아브람이 테라와 가려고 했던 목적지인 카나안을 향해 떠나게 되고 하나님께서 아브람에게 말씀하신 것을 약속으로 받게 된다.

그리고 마침내 아브람은 카나안 땅으로 들어갔다.

그리고 하나님께서 아브람에게 나타나 그 땅을 주실 것을 약속하시고, 아브람은 하나님께 제단을 쌓았다.

아담에게 하신 하나님의 말씀은 명령이었다.

그러나 아브람에게 하신 하나님의 말씀은 명령이 아닌 약속과 축복이었다.

과연 하나님은 아브람을 자신의 귀히 여기는 자식처럼 다루고 계신다.

명령의 하달과 복종이 아담의 할 본분이었다면 반면 아브람은 약속의 말씀 전달과 축복의 말씀을 받아 누리는 것이 그가 해야 할 모든 것이었다.

이제 선명해진다.
하나님과 아담은 주종 관계, 즉 명령 하달자와 명령 복종자의 관계였다.
그러나 하나님과 아브람은 아버지와 자식의 관계, 즉 약속과 축복을 주고 받는 관계였던 것이다.
전자가 복종과 처분의 관계에 놓여있었다면 후자는 순종과 보상의 관계였다고 말할 수 있다.

하나님은 아브람을 축복하시고 그의 이름을 바꾸신다. 아브람에서 아브라함으로...

하나님과 아브라함의 관계는 친밀하고 아주 진솔한 것이었다.
누구도 떼어놓을 수 없는 ...

아브라함에게 보이셨던 하나님의 태도는 상사와 주인의 신분에서 나오는 것이 아니었다.
"두려워 말라."
이것은 아버지가 아들을 지시할 때 나오는 성질의 것이었다.

아담이 짐승들을 다스리는 역할을 감당했다면 과연 아브라함은 온 인류를 대표하는 조상의 역할을 담당했던 것으로 보인다.

"아브람이 주를 믿으니 주께서 그것을 그에게 의로 여기셨더라."

아브람은 마음으로 주의 약속의 말씀을 믿었고 그 믿음을 보신 하나님께서 그를 의롭게 여기셨던 것이다.

아브람에게 하나님께서 카나안 땅을 유업으로 주려고 칼데아 우르에서 불러왔다고 말씀하셨는데 이것은 아담이 에덴의 동산에서 쫓겨나온 상황과 정확히 반대이다.
하나님께서 아담을 쫓아내시고 들어올 수 없게 에덴의 동산 동편에 그룹들과 두루 도는 불타는 칼을 놓아 그들의 출입을 막으셨으나, 오히려 아브람은 하나님 자신이 일부러 카나안으로 데리고 오셨다는 말씀이 아닌가...
그러니까 하나님과 아브람은 언약 관계에 있는데, 이것은 명령 하달의 관계와는 사뭇 다른 것이다.
하나님께서 아브람의 씨를 통해 카나안 땅, 이집트 강에서부터 유프라테스까지를 그에게 주시겠다는 언약을 하고 계신 것이기 때문이다.
그렇다면 아담과 아브람의 차이는 무엇일까...
아담에게서 태어난 인류에 속한 사람인 아브람에게, 아담에게 없는 특별한 무언가가 존재했었다는 말일까...

아브람은 하나님께 최초로 언약을 받은 사람이다.

하나님께서 말씀을 통해 새로운 민족을 만드시기로 작정하셨고 그 언약을 받아 누릴 민족의 조상으로 아브람을 선택하셨다는 이야기이다.

아브람은 하나님의 말씀대로 행하여 우상이 우글거리는 갈대아 땅을 떠나 하란을 지나 마침내 카나안 땅으로 입성함으로 하나님께 의롭게 여김을 받은 최초의 사람이다.

이를 통해 예수 그리스도가 나셨고 예수 그리스도로 말미암아 온 인류가 구원을 받게 되는 것이다.

그리하여 하나님의 창조의 목적대로 땅과 하늘들이 보시기에 좋은 상태로 회복되고 복원이 되는 역사가 일어나기 때문에 아브람은 믿음의 조상으로 그가 한 역할을 칭송받아 마땅한 사람이 되는 것이다.

할렐루야!!

아브람도 연약했다.

하나님이 주시는 후손(씨)의 약속을 듣고 그의 아내 사라가 속으로 웃고 만 것이다.

생각해 보자.

하나님의 말씀을 듣고 그 말씀을 듣자마자 웃었다...

그런데 더 이상한 일은 하나님께서 그 사라의 웃음을 듣고 "네가 웃었다."라고만 말씀하실 뿐, 어떠한 응징이나 조치를 취하지 않으셨다는 점이다.

아담의 경우에는 명령 불복종에 대한 대가로 온갖 저주와 쫓겨남을 몸소 당했었는데 어째서 사라에게는 한 마디 나무람도 하지 않으셨을까…

여기에서 큰 의문이 생긴다.

그리고 과연 사라가 90세에 아이를 낳았을 때 아브라함이 그 아이의 이름을 이삭(웃음)이라고 명명한다.

이것은 어찌 보면 필연이라고 할 수 있을 것 같다.

웃었으니까 웃음(이삭)이라고 불려야하는 관계, 이것이 바로 아브라함과 하나님의 필연 관계가 아니라면 어찌 있을 수나 있는 일인가…

하나님은 아브라함을 아끼고 사랑하셨다.

아담에게 주신 하나님의 태도는 복종의 요구였다.

그러나 아브라함에게는 달랐다. 마치 '너는 나와 한 배를 탔어. 우리는 하나야.'라고 이야기하시는 것 같다.

이렇게 100세에 약속하신 아들을 사라를 통해 받으므로 아브라함은 모든 믿음의 조상의 자리에 우뚝 세움을 받는다.

그리고 지금…

우리는 이스라엘이라는 역사 속의 증인들을 마주하고 있다.

어느 민족이 나라를 잃고 1,900여 년 만에 다시 자기 땅을 되찾고 자기의 언어와 나라를 건설할 수 있을까…

그것은 불가능에 가깝다. 그러나 지금 우리는 불가능을 가능케 하시는 분의 드라마를 보고 있다.

이제 세상은 아브라함의 언약을 믿는 쪽에 설 것인가 아니면, 힘과 다수의 논리에 빠질 것인가 하는 기로에 서 있다. 저렇게 작은 수로 큰 나라들과 더불어 버티는 민족이 과연 약속의 민족이라면 이 세상 민족의 숫자가 과연 얼마나 대단한 것인지에 대한 논란은 금방 수그러들 수밖에 없지 않을까...

하나님이 하신 약속들 위에 서 있는 민족, 그들이 감당해내야 할 일은 그들의 조상 아브라함이 감당했던 것처럼 약속의 말씀을 믿고, 붙들어 마침내 인내함으로 약속을 성취하는 것일 것이다.
이제 그들은 약속의 성취라는 큰 세계 역사를 이루기 위해 카나안 저곳에 우뚝 서 있다.
그들이 써 나갈 위대한 예언의 성취는 과연 우리들이 목도해야 할 가장 위대한 판타지가 아니면 무엇이겠는가!!

우리는 가슴 벅찬 감동을 누릴 마음으로 이제 저 드넓은 고원을 향해 눈을 돌릴 차례이다.
그곳이 하나님께서 기록해 놓으신 변치 않는 약속이 성취될 단 하나밖에 없는 장소이기 때문이다.
이제 그 일이 일어날 것이다.
하나도 빠짐없이 모두 성취될 그날까지 우리는 분연히 일어나 하나님께서 이루실 일들이 이루어지길 간절히 바라며 그들을 돕는 역할을 감당하는 작은 자들이 되어 역사가 마칠 그날까지 뚜벅뚜벅 전진해 나가는 일에 힘을 다해야겠다.

이것이 우리가 할 수 있는 방법 중 가장 좋은 방법이기 때문이다.

그리고 이것이 우리가 서 나갈 유일한 길이기도 하다.
 아멘.

2
죽은 자를 살리실 것을 믿은 아브라함

2. 죽은 자를 살리실 것을 믿은 아브라함

창세기 22장을 보면 하나님께서 아브라함을 향해 명령하신다. 이것은 믿음을 시험하시기 위한 일종의 Test였다.

아브라함에게 하나님께서 치르신 시험의 내용이 왜 위대한 것인가 하면, 모든 사람이 믿지 못하는 것을 아브라함이 과연 믿을 수 있는가 하는 것을 증명해 보여야하는 것이기에 그렇다.

아브라함도 아담의 후손인 것이 확실하다면 그도 아담처럼 시험에 통과하지 못하고 선악과를 따먹은 아담처럼 행동했어야 하지만, 아브라함은 그렇지 아니했다.

노아를 여러분들은 아는가…
노아는 물심판 때 그의 자녀와 함께 살아남은 유일한 당대의 완전한 자(사람)이었다.

그리고 노아는 아브라함과 같은 세대에 살며 아브라함에게 37년이라는 오랜 세월 동안을 함께 지내며 하나님이 어떤 분이신지, 심판을 이길 수 있는 힘은 무엇인지에 대해 생생히 증언해준 아주 고마운 믿음의 동역자요 스승이었다.

이러한 연고로 아브라함은 우상을 섬기던 그의 아버지 데라에게

당돌한 행동을 하기도 했다는 전승이 내려온다고 한다.

아브라함이 아버지 데라의 가게를 봐주던 어느 날, 아버지가 자리를 비운 틈을 이용해 가게 안에 있던 우상 중 딱 하나만 남겨두고 모조리 망치로 박살을 내버렸던 것이다.

일을 마치고 돌아온 아버지 데라는 누가 이런 짓을 했느냐며 아브라함을 추궁했고, 아브라함은 당당하게 자신이 남겨놓은 우상을 가리키며, "아버지! 저 우상에게 물어보세요. 그가 가르쳐줄 것 아니겠어요...?"라고 말했다고 한다.

과연 아브라함은 자신이 우상을 타파하는 모습을 보여줌으로써 우상을 싫어하시는 하나님의 마음을 아버지인 데라에게 알게 하는 존귀한 행동을 하였고 그로 인해 데라는 조금씩 조금씩 하나님이 어떠한 분이신지에 관한 깊은 생각을 갖게 될 수 있었다는 것이 역사 속에 전해 내려오는 이야기로 남아 있다.

이 사건은 또한 아브라함이 우르 땅을 떠나 카나안 땅으로 가게 되는 결정적 계기가 되지 않았을까...

데라와 그의 가족과 롯은 하나님께서 싫어하시는 우상을 등지고 약속의 땅을 향해 조금씩 근접해 갔다.

그러는 중에 데라는 죽고 아브라함과 그의 가족과 조카 롯은 조금씩 더 하나님의 임재 안으로 들어갈 수 있었을 것이다. 마침내 하나님 아버지의 말씀, 즉 언약의 목소리를 아브라함은 들을 수 있었다.

"너는 네 고향과 네 친족과 네 아비의 집을 떠나 내가 네게 보여 줄 땅으로 가라. 내가 너로 큰 민족을 이루게 할 것이며 네게 복을 주고 네 이름을 위대하게 하리니, 너는 복이 되리라. 너를 축복하는 자들에게 내가 복을 주고 너를 저주하는 자를 저주하리라. 네 안에서 땅의 모든 족속들이 복을 받을 것이라." (창세기 12장 1절~3절)

아브라함은 드디어 육의 아버지 데라를 하란 땅에 묻고 주께서 자기에게 말씀하셨던 대로 떠났는데 그때, 그의 나이는 75세였다.

그런데 그가 카나안 땅에 들어와보니 그 땅에는 이미 카나안인들이 있었다.

그리고 주께서 아브라함에게 나타나시어 말씀하셨다.

"내가 이 땅을 네 씨에게 주리라."

아브라함은 주의 이 말씀을 믿고 그곳에다 주께 제단을 쌓았다. 제단의 의미는 다른 책에 기록하였는데 그 의미는 예배와 같다.

아브라함이 장막 생활을 시작하였고 이때로부터 그가 가는 곳마다 제단을 쌓고 주의 이름을 부르는 예배가 시작된 것이었다.

아브라함도 연약했다.

죽음 앞에 무릎을 꿇고 살기 위해 거짓말을 하여 자신의 죽음을 모면한 일은 우리가 성경을 통해 다 아는 사실이다.

하나님께서 이렇게 죽음 앞에 연약한 모습이었던 아브라함에게 약속을 주신다.

조카 롯과 갈라진 후에 하나님께서 주신 약속의 말씀이다.

"이제 네 눈을 들어 네가 있는 곳에서부터 북쪽과 남쪽과 동쪽과 서쪽을 바라보라. 이는 네가 보는 모든 땅을 내가 네게 줄 것이며, 네 씨에게 영원히 주고 내가 네 씨를 땅의 티끌 같게 할 것임이니, 사람이 땅의 티끌을 셀 수 있다면 네 씨도 셀 수 있으리라.

일어나서 그 땅을 가로와 세로로 걸으라. 내가 그것을 네게 주겠음이라." (창세기 13장 14절~17절)

하나님께서 아브라함을 훈련하신 방법은 말씀을 들려주심으로다. 다시 말하자면 두려움으로 인해 떨고 있는 아이와 같은 아브라함에게 약속의 말씀을 반복하여 들려주심으로 그에게 하나님을 신뢰할 수 있는 힘을 길러주시는 것이었다.

그러니까 반복하여 "무엇 무엇을 해줄게."라는 약속을 들려주심으로 그에게 없던 믿음이 생겨나게 하신 것이다.

"그러므로 믿음은 들음에서 나오며 들음은 하나님의 말씀에 의해서니라." (로마서 10장 7절)

"이는 그 의인이 그들 가운데 살면서 날마다 그들의 불법적인 행동을 보고 들음으로써 그의 의로운 혼이 고통을 당하였기 때문이니라." (베드로후서 2장 8절)

그렇다. 믿음을 훈련하는 방법은 말씀을 들음으로다.

불법을 들으면 의로운 혼이 고통을 당하게 되므로 우리는 의의 말씀인 성경말씀을 들음을 통해 우리의 의로운 혼을 단련할 수 있으며 이것이 우리가 살면서 행할 수 있는 유일한 믿음 성장의 통로이다.

말씀을 사모하자. 말씀이 우리를 의의 길로 인도해 줄 유일한 길이기 때문이다.

아무튼 아브라함은 믿음이 조금씩 성장해 가기 시작하고 앞으로 그에게 닥칠 믿음의 시험의 서막이 이제 조용히 그 모습을 드러내고 있었다. 그리고 또 하나 아브라함이 주를 위하여 제단을 쌓은 것도 좋은 믿음의 훈련이었다.

주께 제단을 쌓을 때마다 그의 마음속에는 깊은 주를 향한 신뢰와 사랑이 자리를 잡게 되는 일이 일어나게 된다.

그리하여 그에게 인류 역사상 가장 커다란 시험이 찾아왔을 때 그는 담대히 자신이 훈련한 믿음의 분량대로 자신의 믿음을 발휘하여 마침내 "합격"이라는 하나님의 싸인을 받을 수 있었다고 생각한다.

그의 믿음은 약속의 말씀이라는 반석 위에 세운 튼튼한 요새와 같은 집이었다.

하나님의 일하심은 이렇듯 틀림이 없이 견고하다.

우리도 약속의 말씀을 붙들고, 믿음에 서서 시험을 통과한 아브라함의 신앙을 본받아, 우리 앞에 다가올 불심판을 거든히 통과할 수 있도록 날마다 믿음을 훈련하자. 온 세상에 임할 그 시험을 능히 넘어설 수 있도록 말이다.

히브리서를 보면 믿음에 대해 잘 설명해주고 있다.

"믿음은 바라는 것들에 대한 실상이요, 보이지 않는 것들에 대한 증거니, 원로들이 그것으로써 좋은 평판을 얻었느니라." (히브리서 11장 1절~2절)

믿음은 바라는 것들을 기대함으로 소망하는 마음이고, 보이지 않는 것들을 보는 것과 같이 여기는 마음이다.

여기에서 우리는 아직 보지 못한 것들을 눈을 통해 보지 않고 믿는 것은 오직 '마음'으로만 될 수 있다는 것을 알아야 한다.
'마음'으로 무엇인가를 바라며 소망하는 것이 무엇인가…
그것은 이미 내가 바라는 소망이 이루어질 것을 눈으로 보듯 믿는 것이다.
'마음으로 믿는다'는 것은 그래서 위대한 것이다.
아직 이루어지지 않은 소망을 눈으로 보는 것처럼 여기고 "그 일이 그대로 되리이다." 라는 고백을 하는 것이 그렇게 쉬운 일은 아닐 것이다.
그러나 약속의 말씀을 들음으로 내 안에 그 약속이 반드시 성취되리라는 확신이 가득차게 되면, 그 사람은 반드시 그 마음에 믿음을 소유하게 된다.
그리고 그 믿음은 언젠가 약속이 이루어지는 때에 의로운 행실로 받아들여지게 된다.

"너희 믿음대로 되라."라고 하신 예수 그리스도의 말씀처럼 우리의 믿음은 바라는 것들의 실상이 되고, 보이지 않는 것들의 증거가 되고 만다.

그것이 설령 병고침이든 아니면 더 나아가 죽은 자를 살리는 역사이든 간에 믿음은 반드시 그 마음에 믿은 대로 우리의 삶에 역사하게 마련이다.

"그러나 믿음이 없이는 하나님을 기쁘시게 할 수 없나니, 하나님께 나아가는 자는 그분이 존재하시는 것과 그분이 자기를 열심히 찾는 자들에게 보상하시는 분이심을 마땅히 믿어야 하느니라." (히브리서 11장 6절)

노아는 아직 홍수가 임하기 전에, 하나님의 경고하심을 받고 두려움으로 행하여 방주를 지으므로 마침내 자기 집안을 구원하였다.

그 믿음이 노아에게서 흘러흘러 아브라함에게 향하였고 아브라함은 마침내 믿음의 시험을 통과한 믿음의 조상으로 우뚝서게 된 것이다.

하나님의 일하심은 세밀하다.

여기에서 아브라함의 믿음을 살펴 보자.

"믿음으로 아브라함은 장차 유업으로 받을 땅으로 떠나라는 부름을 순종하여 어디로 가야 하는지도 모르면서 떠났으며 믿음으로 그는 타국 땅에 있는 것같이 약속의 땅에 기거하여 그와 함께 그 동일한 약속의 상속자들인 이삭과 야곱과 더불어 장막에서 살았느니라."
(히브리서 11장 8절~9절)

하나님의 약속은 노아의 무지개 언약에서부터 시작하여 아브라함과 이삭과 야곱에게로 흘러간다. (이것을 언약사상이라고 부르기도 한다.)

아브라함이 받은 언약은, 그의 선조 노아에게서 시작되어 약속의 땅에 실현될 것으로, 자신의 후손을 통해 이루어질 것이었다는 것을 아브라함은 알았다.

이렇게 그의 믿음은 굳건해져 갔고 자신의 몸을 통해 태어날 후손들이 하늘의 별과 같이 많을 것을 약속을 통해 믿었다. 그리고 자신이 자신의 이름으로 인해 축복과 저주를 받는 잣대가 된다는 확신을 갖게 된 것이다.

이것이 어찌 가장 큰 믿음이 아니겠는가...

사라는 과연 하나님께서 말씀하신 대로 90세에 아들을 낳고 이삭이라 이름하게 된 아들을 받게 된다.

아브라함의 나이 100세에 얻은 사랑하는 아들 이삭은 하나님께서 약속하신 자신의 씨였고, 이 아들을 통해 약속의 말씀이 이루어져 하늘의 별처럼 셀 수 없는 씨로 번성케하여 주시겠다는 약속의 실현이었다.

그런데 그 아들 이삭을 하나님께서 아브라함에게 모리야 땅의 한

산에서 번제로 바치라고 하시는 사건이 일어나고야 만다.

이것이 하나님께서 아브라함을 연단하시고 믿음으로 기르신 후 그를 최종 평가하시는 가장 위대한 시험이었다.

아브라함은 아침에 일찍 일어나서 나아간다.
그러나 그는 이미 마음속에 하나님의 시험의 목적과 의도를 알고 있었다.
하나님께서 약속하사 그에게 주신 자신의 상속자인 이삭을 죽여 하나님께 번제로 바치라는 것의 의미는 바로 그가 하나님께서 이 아들을 통해 셀 수 없는 후손들을 주시겠다는 자신의 약속을 믿는가 아니 믿는가에 대한 시험(Test)이 아니었을까…
과연 하나님께서 자신의 아들을 죽이시지만 그 아들을 다시 살리시는 역사를 통하여 하늘의 별과 같이 많은 믿음의 후손들을 낳게 하시겠다는 그러한 계획을 갖고 계신 것이 아닌가 아브라함은 어렴풋이 생각했다.
그러나 그 생각이 자신의 마음속에 있는 믿음에 기반을 두고 나온 생각이었기 때문에 아브라함의 행동은 단호했다.
하나님의 말씀대로 모리야 땅을 향해 떠날 때도 아침에 일찍 일어났고, 번제에 쓸 나무도 쪼개어 가지고 갔다.
삼 일 길을 걸어 눈을 들어 멀리 있는 그곳을 보고 아브라함은 자신의 아들과만 함께 그 길을 가고자 한다.
자기 손에 불과 칼을 들고 이삭에게는 번제에 쓸 나무를 들게 한 채…

하나님께서 그에게 말씀하신 그곳에 와서 아브라함은 그곳에 제단을 쌓고 나무를 가지런히 놓고 그의 아들 이삭을 묶어 제단의 나무 위에 올려 놓는다.

그후 아브라함은 기도했을 것이다.

'주여, 이 아들을 죽이면 당신이 이 아들을 살리실 것을 믿습니다.'

이제 아브라함이 그의 손을 내밀어 칼을 잡고 그의 아들을 죽이려 하는데 주의 천사가 하늘에서 그를 불러 말한다.

"네 손을 아이에게 대지 말고 아무 일도 그에게 하지 말라. 나는 이제 네가 하나님을 두려워하는 줄을 아노라." (창세기 22장 12절)

그리고 아브라함이 눈을 들어 살펴보니 뿔이 수풀에 걸린 숫양 한 마리가 있었고 아브라함은 그 숫양을 잡아다가 그의 아들 대신에 번제로 드렸다.

하나님께서 그곳을 여호와이레라 부르게 하셨는데 그 뜻은 "주의 산에서 그것이 보여지리라." 이다.

이것은 하나님께서 아브라함에게 예수님의 십자가 사건을 모의 구현하라고 지시하신 것이었다.

아브라함은 하나님의 대역이고 이삭은 예수님의 대역이며 모리아 땅의 한 산은 장차 예수 그리스도께서 십자가에 못 박힐 골고다 언덕을 가리킨다.